Medizinisches
Qi Gong
nach Prof. Wu Zhong Hu

Impressum

Bibliografische Information der Deutschen Nationalbibliothek:
Die Deutsche Nationalbibliothek verzeichnet diese Publikation in der
Deutschen Nationalbibliografie; detaillierte bibliografische Daten sind
im Internet über http://dnb.dnb.de abrufbar.

© 2019Hartmut von Czapski

Herstellung und Verlag: BoD – Books on Demand, Norderstedt

ISBN: 9783744829427

Medizinisches
Qi Gong
nach Prof. Wu Zhong Hu

Übungen zur Erhaltung und Verbesserung

der Gesundheit

Herausgeber, Mitautor und Fotos:

Heilpraktiker

Hartmut von Czapski, Xanten

Inhalt

Zur Person:

Prof. Wu, Zhong Hu

Er war:

Direktor des Qi- Gong Forschungs-Ausschusses
Shanghai

Direktor der Abteilung für Vorsorge und Behandlung
von Tumorerkrankungen (speziell Bauch-
speicheldrüsen- und Lebertumoren) der Qi- Gong-
Forschungsabteilung Shanghai

Direktor des Shanghai Forschungszentrums für
Rehabilitationsmedizin

Qi-Gong-Arzt der wissenschaftlichen und tech-
nologischen Vereinigung Chinas

Berater und Dozent des Qi- Gong- und Ciaoly-
Ausschusses

Speziell geprüfter Qi- Gong- Master Shanghai
Nr.9029

Urheber der 8 Qi- Gong- Übungen zur
Selbstregulation

Was ist Qi Gong ? Eine Einführung

Qi Gong ist eine Eigenart der chin. Kultur. In Qing Hai, Datong fand man einen Tonkrug mit bunten Darstellungen von Tänzern. Die Archäologen fanden heraus, dass diese aus der Ma- jia- yao- Kultur stammen. Das war vor 5000 Jahren. Die Experten glauben, dass dies der Ursprung des Qi Gong ist. Es stammt aus dem Volk. Arbeiter, die lebenslang mit Krankheiten kämpften, erfanden Methoden und Übungen zur Selbstheilung von Körper und Seele. Im Anfang basierten die verschiedenen Stellungen wahrscheinlich auf einer Imitation der Tierbewegungen. Sollten diese Annahmen stimmen, kann man den Ursprung noch weiter zurückdatieren.

Obwohl es heute verschiedene Formen des Qi Gong gibt, z.B. Spiel- Qi- Gong, Wu Shu, hartes und leichtes Qi Gong, ist es klar, dass der Ursprung im therapeutischen Qi Gong liegt. Im Laufe der Jahre veränderte sich das Qi Gong und es verändert und verbessert sich immer weiter. Qi Gong ist eine sehr subtile Behandlungsmethode. Früher gab es noch nicht unsere wissenschaftlichen Erkenntnisse, sondern unterschiedliche Religionen.

Die Gläubigen dieser Religionen übten auch verschiedene Qi- Gong- Methoden.

Med. Qi Gong begründete die chin. Medizintheorie. Qi Gong ist bis jetzt ein Phänomen, aber es ist auch ein Wissenschaftszweig. Eine körperliche Wissenschaft der Selbsterforschung. Mehrere kritische Forschungen zeigen, dass Qi Gong ein großes Potential für die Erhaltung der Gesundheit hat. Viele Qi- Gong-Phänomene sind bis jetzt noch nicht wissenschaftlich erklärt, aber das bedeutet nicht, dass diese Phänomene nicht existieren. Man kann nur sagen, es bleibt ein ungelöster Rest.

Es gibt bestimmt Erfolge durch Qi Gong, aber man soll sie auch nicht übertreiben. Man kann auch nicht sagen, dass man alle (100) Krankheiten damit behandeln kann. Verschiedene Qi- Gong- Übungen sind für verschiedene Krankheiten bestimmt und trotzdem ist es oft ratsam sich zusätzlich Hilfe bei einem Arzt oder Heilpraktiker zu suchen.

Das med. Qi Gong ist gut um den Körper zu stärken, Krankheiten zu behandeln, die Gesundheit zu erhalten und das Leben zu verlängern. Es stärkt die Konstitution.

Geschichte des med. Qi Gong

Es ist überliefert, dass es in der Tang- Yao- Zeit, vor 4000 Jahren, eine Hochwasserkatastrophe in der Mitte Chinas gab. Der Herrscher Da Ju bekämpfte das Wasser. Die Menschen, die viel in der Feuchtigkeit und Nässe arbeiteten, bekamen Muskel- und Gelenksteife. Manche Leute machten Bewegungen mit Händen und Füßen, um die Muskeln zu entspannen, die Knochen zu stärken und die Blutzirkulation anzuregen.

Dadurch wurde die Feuchtigkeit und die Kälte vertrieben und die Schmerzen ließen nach. Das

nennt man die Ursprungsmethode Dao Yin des med.
Qi Gong. Die früheste und vollständige Beschreibung
von Atemübungen findet man in der Zeit der
streitenden Reiche (475-221 v. C.). Die "Qi-Fluß-
Jade-Inschrift" besteht aus 54 Wörtern und ist auf
einem zwölfseitigen Jade-Zylinder eingeritzt.

In dem Klassiker des gelben Kaisers "Nei Jing" aus
der Zeit der streitenden Reiche, steht geschrieben:
"Gelassen und wunschlos (sein), echte Energie im
Fluß, den Geist innen halten, dann kommt keine
Krankheit. Mit Atmen Qi (aufnehmen), sich auf sich
selbst konzentrieren, den Geist halten; alle Muskeln
entspannen." Diese beiden Sätze verdeutlichen den
Inhalt des alten Qi Gong.

Bis jetzt gibt es über 10000 verschiedene Qi- Gong-
Methoden.

In mehreren großen chinesischen Städten wie
Peking und Shanghai gibt es Forschungsinstitute, um
mit moderner Technik den Wirkungsmechanismus
des Qi Gong zu untersuchen.

Das Bluthochdruckforschungsinstitut Shanghai hat
bereits 1978 Arbeiten mit Berichten über
Veränderungen veröffentlicht, die Qi Gong im EKG
und EEG bewirkt. Es wurden weiterhin Arbeiten
darüber veröffentlicht, dass unser sympathisches
Nervensystem, das durch dauernden Stress
überaktiv ist, durch Qi Gong eine Entspannung durch
Überwiegen des Parasympathikus erreicht.

Ebenso gibt es im Forschungsinstitut Tumor-
Nachsorgegruppen sowie Forschungen über die

stimulierende Wirkung von Qi Gong auf das Immunsystem.

In Peking und Shanghai gibt es 2 Qi Gong-Institute und in jeder Stadt gibt es einen Qi Gong-Verein. Einige T.C.M. (Traditionelle Chinesische Medizin) Universitäten haben eine Qi Gong-Fakultät. Qi Gong verbreitet sich von China in die ganze Welt.

Lehrer halten Gastvorlesungen im Ausland und tauschen Erfahrungen. Diese Situation ist ein gutes Zeichen.

Definition des Begriffs Qi Gong

Die zwei Worte Qi Gong findet man in alten Büchern über Medizin oder Sport nur selten. Der Inhalt des Qi Gong ist in der volkstümlichen, religiösen Medizin und Kampfsportkunst bekannt. Es gab unterschiedliche Formen mit unterschiedlichen Zielen, z. B. um die Volksgesundheit zu schützen, um Unsterblichkeitspillen herzustellen, um eine tiefe Meditation zu erreichen, als Bestandteil des Kung Fu und des Dao Yin (Qi mit Bewegung leiten).

Generell kann man sagen, dass Qi Gong eine Methode ist, selbstständig seinen Geist und Körper zu trainieren. Die Methoden und Theorien wurden, über viele Generationen, durch die Vorfahren erarbeitet, um sich vor Krankheiten zu schützen und das Leben zu verlängern.

Als med. Qi Gong wird beim Shanghai- Qi- Gong- Institut die dreifach regulierende Methode als Grundlage betrachtet.

Die Geist (Herz)-, Körper- und Atemregulation, um selber Körper und Geist (Herz) zu trainieren.

Durch Übung können die Abwehrkräfte verstärkt und die Eigenregulation verbessert werden.

Eine Besonderheit von Qi Gong als Übungsmethode ist, dass man in einen inneren Übungszustand eintreten muss. Körperhaltung und Bewegungen und die Atmung wirken zusammen, Geist und Körper werden entspannt oder angespannt, die Gedanken werden konzentriert und benutzt. Dies alles verstärkt und reguliert jede Organfunktion und regt das Energiepotential des Körpers an. Die Wirkung ist die Gesunderhaltung des Körpers, Krankheitsvorbeugung und ein langes Leben.

Was ist Qi ?

Es ist eine Substanz, die man normalerweise nicht sehen und nicht tasten, aber fühlen kann. Unsere alten Philosophen dachten, dass Qi eine Ursprungssubstanz ist, die beim Urknall entstand.

Nach unserer chin. med. Auffassung ist Qi eine kontinuierlich bewegte und aktive Substanz, die Grundsubstanz, aus der Körper entstehen. Qi erhält die menschlichen Lebensfunktionen. Nach der Definition ist Qi im Qi Gong eine "Essenz"- Substanz im Körper mit einer bestimmten Energie. Qi kann im Körper gebildet, entwickelt, umgewandelt und bewegt werden. Nach meiner jahrzehntelangen Erfahrung ist Qi eine Energie, die vom Willen gesteuert werden kann, aber sie ist auch ein Trägerfeld mit unterschiedlichen Informationen. Beim

Qi Gong auf hohem Niveau kann man Form und Farbe von Qi sehen. Um jede Substanz gibt es Qi mit unterschiedlichen Eigenschaften.

Was beim Üben zu beachten ist

Qi- Gong- Übungen gibt es in mehreren Stufen, von der niedrigen zu hohen Stufen. Die Anforderungen bei der Regulation von Körper, Atem, und Geist sind nicht gleich. Bei unterschiedlichen Stufen gibt es unterschiedlich wichtige Punkte.

In der Anfangsstufe ist es die Körperhaltungsregulation.

In der zweiten Stufe ist es die Atemregulation.

In der dritten Stufe ist es die Geistregulation.

In der Mittelstufe ist die Körper- und Atemregulation gleich wichtig, die geistige Regulation weniger. In der Oberstufe ist die Geistregulation am wichtigsten. Die Atemregulation ist am zweitwichtigsten, die Körperregulation ist am wenigsten wichtig oder wird gar nicht mehr benötigt. Die richtige Anwendung der dreifachen Regulation beeinflusst den Erfolg der Übung.

Die dreifache Regulation

a) Körperhaltung: falsche Körperstellungen zu korrigieren. Kooperation von Entspannung und Anspannung, die richtige Balance zwischen angespannten und lockeren Muskeln (locker sollte dominieren) ;

b) Kooperation von Körperhaltung und_ Atmungsregulation. Es sollte eine feine, tiefe, langsame, lange, ruhige, regelmäßige Bauchatmung erreicht werden;

c) "Herzregulation". Gedankenlenkung und -vereinheitlichung.

Alle ablenkenden Gedanken ausschalten. Ein Gedanke statt 1000 Gedanken. Innenschau(Nei She). Meditation. Konzentration nach innen, auf eine bestimmte Stelle. Eine ruhige und entspannte Psyche.

Sich auf sich selbst konzentrieren. Nicht durch äußere Kräfte, sondern durch selbstständiges Üben, den Körper und den Qi- Fluß regulieren und verändern mit dem Ziel den Körper zu stärken und sich gegen Krankheiten zu schützen.

Nach traditioneller chinesischer Medizin gehören Körper und Psyche zusammen und bilden ein Ganzes. So werden auch die sieben Emotionen (Ärger, Wut, Angst, Traurigkeit, Frustration, Sorge und übermäßige freudige Aufregung) bestimmten Meridianen zugeordnet und können eine Störung im Meridian bewirken wie auch umgekehrt eine Störung im Meridian sich auf die Emotionen auswirken kann.

Geist und Körper sind eine Einheit. Beim Qi- Gong- Üben, trainiert man beide zusammen.

In diesem Buch werden Übungen aufgeführt, die u. a. bei folgenden Beschwerdebildern ausgezeichnete Wirkung zeigen:

bei hohem und niedrigem Blutdruck, Magen- und Darmbeschwerden, Verdauungsstörungen, Lungenproblemen, Schlaflosigkeit, Konzentrationsschwäche, Halswirbelsäulen-Syndrom, Rückenschmerzen und übermäßigem Stress.

Bei regelmäßiger und ausdauernder Übung des Qi Gong kann der Praktizierende seinen Gesundheitszustand verbessern und innere Ruhe und Entspannung finden.

Da die Übungen mit unterschiedlichem Kraftaufwand durchgeführt werden können, eignen sie sich auch für geschwächte und ältere Menschen.

1) Übung mit den Handflächen, um ein Energiefeld aufzubauen

-Entspannt hinstellen oder hinsetzen, natürlich atmen, Handflächen 10 cm von einander entfernt halten, einen Moment so verharren;

-Handflächen sehr langsam von einander entfernen bis zu 60 cm Entfernung, dabei einatmen;

-Handflächen sehr langsam wieder zusammenführen (ohne sich zu berühren), dabei ausatmen.

-Auf die Handflächen konzentrieren, dabei erspüren, was man zwischen den Handflächen fühlt (z.B. Magnetismus, Wärme , Kribbeln etc.);

-Oberkörper beim Einatmen etwas zurückbeugen und beim Ausatmen nach vorn beugen.

Erläuterung der Übung: Nach traditioneller chinesischer Medizin laufen Energiebahnen (Meridiane genannt) von den Fingern zu den inneren Organen. Sobald man ein Gefühl von Kribbeln, Wärme usw. in den Händen verspürt, wird :

a) die Zirkulation von Blut und Energie auch in den inneren Organen angeregt, Blockaden können sich lösen;

b) ein Energiefeld in den Händen aufgebaut;

c) das Energiepotential des Körpers gehoben und gestärkt.

49 mal

1   Energiefeld aufbauen   2

3

2) Nieren- und Herzmeridian harmonisieren

Die Handinnenflächen zeigen auf den Fußrücken, Hände und Arme langsam herauf und herunter bewegen, natürlich atmen.

Beim Einatmen bewegt sich der Oberkörper leicht nach hinten, die Hände werden dabei langsam nach oben bewegt.

Beim Ausatmen bewegt sich der Oberkörper leicht nach vorn, die Hände werden dabei langsam nach unten bewegt.

Während der Übung auf die Handflächen konzentrieren.

Erläuterung der Übung: Beim Hochheben der Hände wird Yin-Energie (kühlende Energie) hochgezogen, beim Herunterbewegen pathogene, verbrauchte Energie nach unten durch die Fußsohlen in den Boden geleitet.

Diese Übung harmonisiert Herz- und Nierenmeridian (bei Lampenfieber, Herzrhythmusstörungen, Schlaflosigkeit, innerer Unruhe).

Sie stärkt die Energie-Zirkulation, beruhigt indem Anspannung nach unten abgeleitet wird.

- 49 mal -

1   Herz-Nieren-Übung

2

3

3) Stehende Übung um Energie aufzunehmen

Oberkörper entspannen, natürlich atmen, zur Ruhe kommen, an nichts denken. Knie anwinkeln, Füße parallel und schulterbreit auseinander stellen.

Vor den Knien muß die Fußspitze noch sichtbar sein.

Becken nach vorne kippen. Rücken ganz gerade, Kinn etwas nach unten, Halswirbelsäule gerade. Dies ist der Grundstand!

Handflächen schräg nach aussen auf Bauchnabelhöhe halten. Handinnenfläche nach unten richten um Erdenergie aufzunehmen.

Erläuterung der Übung: Diese Übung reguliert den Energiefluß des ganzen Körpers. Man nimmt die Yin Energie der Erde auf, hebt sein Energie Potential, bringt die eigene Energie zum freien Zirkulieren und reguliert so Atmungstrakt, Herz und Kreislauf, Verdauungstrakt, innere Drüsen und das Nervensystem. Die Übung wirkt beruhigend.

Durch Anhebung des Energiepotentials wird vor allem das Immunsystem gestärkt.

Eventuell dabei auftretende leichte spontane Bewegungen sind normal; es kann auch zu Muskelzittern am ganzen Körper kommen.

Man beginnt mit 5 Minuten täglich. Nach 2 Wochen kann man sich um jeweils 5 Minuten steigern. Ein ruhiges, entsprechend lange dauerndes Musikstück erübrigt den Blick auf die Uhr. Danach etwas umhergehen.

4) Übung für den Dai Mo (Gürtelgefäß)

-Mit den Handflächen nach unten, zur Erde hin, Kreise neben der Hüfte beschreiben, natürlich atmen;

-Einatmen während Handflächen sich zum Bauchnabel und anschließend zur Hüfte hin bewegen.

Mit dem Daumen über den Gürtel bis nach hinten streichen, dabei zugleich den Oberkörper zurückbeugen, Gesäß nach vorne strecken.

-Ausatmen während Handflächen seitlich nach vorne gehen, dabei zugleich den Oberkörper vorbeugen.

-Auf die Handflächen konzentrieren, erspüren, was man in den Handflächen fühlt.

Erläuterung der Übung: Das Gürtelgefäß ist in der trad. chinesischen Medizin ein Meridian, der gürtelähnlich durch das Becken fließt, und vor allem bei Störungen wie Schmerzen bei den Tagen, unregelmäßiger Zyklus, Impotenz usw. eingesetzt wird. Das Gürtelgefäß legt sich wie ein Kreis um die Energiebahnen, die von den Beinen hoch fließen. Wird eine Blockade im Gürtelgefäß reguliert, fließt die Energie auch freier in den anderen Energiebahnen (z.B. kalte Füße müßten warm werden).

1 Dai-Mo-Chung
2
3
4
5
6
7
8

5) Regulation des Dreifachen- Erwärmer- Meridians

Der Dreifache- Erwärmer- Meridian koordiniert die Funktion der verschiedenen Organe; er ist in seiner Funktion übergeordnet.

- Sedieren (beruhigen); Grundstellung einnehmen, eine Hand in Höhe Hals, andere Hand in Höhe Unterleib im Abstand von 5 cm vom Körper halten. Nun geht die obere Hand - innere Handflächen jeweils dem Körper zugewandt - am Körper herunter (ohne ihn zu berühren), während gleichzeitig die untere Hand außen heraufgeht. Dann geht die obere Hand in derselben Weise wieder nach unten und die untere Hand nach oben usw.

-Tonisieren (anregen) ; Grundstellung einnehmen, Position der Hände wie oben, nur geht nun die untere Hand, Handinnenfläche dem Körper zugewandt, im Abstand von 5 cm Entfernung vom Körper, langsam von unten nach oben und die obere Hand gleichzeitig außen von oben nach unten (umgekehrt wie beim Sedieren).

Erläuterung der Übung: Sedieren bei allen Krankheiten, bei denen eine Fülle zurückgenommen werden soll, z. B. akuter Schmerz, starke Blähungen, akuter Durchfall, Sodbrennen, Mundgeruch, Magenschmerzen.Tonisieren bei allen Krankheiten, bei denen man stärken oder anregen will, z.B. chronische Beschwerden wie Blähbauch, chron. Durchfall, Kältegefühl.

Auf die Handflächen konzentrieren, sorgfältig prüfen, was man im Bauchbereich fühlt. - 14 mal –

1   Dreierwärmer-Übung   2

3   4

6) Dem Energiefluß folgen mit beruhigender Wirkung

49 mal zur Behandlung von Krankheiten, 7 mal für die Zirkulation von Energie zur allgemeinen Stärkung der Gesundheit.

-entspannt hinstellen, auf Handflächen konzentrieren, natürlich atmen;

-beide Arme seitlich langsam hochheben, die Handflächen zeigen nach unten, nehmen Yin-Energie auf,

- auf Schulterhöhe Handflächen nach oben drehen, die Handflächen nehmen Yang-Energie auf ,

-Arme im Ellbogen winkeln, Handflächen einen Moment vor die Stirn halten, ohne sie zu berühren, dem Kopf dadurch klare Energie zuführen;

- tief einatmen, beim Ausatmen die Handflächen waagerecht zur Erde drehen und langsam am Körper entlang herunterdrücken.

Erläuterung der Übung: Pathogene Energie oder eine Fülle soll vom Kopf nach unten abgeleitet werden (wie beim Blitzableiter). Man soll wieder einen "kühlen Kopf" bekommen.

Wirksam bei Herzkrankheiten, Bluthochdruck, Nervosität, Streß.

Nicht geeignet bei niedrigem Blutdruck, Anaernie, niedriger Zahl weißer Blutkörperchen.

1   Beruhigende-Übung   2

3   4

5   6

7) Dem Energiefluß folgen mit anregender Wirkung

- Beide Handflächen nach oben vor unteren Bauch halten, Fingerkuppen berühren sich nicht.

- Beim Einatmen beide Handflächen bis zum Brustbein heben, dabei denken, dass Blut- und Energiefluß hochgehen;

- Langsam die Handflächen zum Körper hin drehen, beim Ausatmen Handflächen in 5 cm Abstand vom Körper (Handinnenfläche zum Körper zeigend) heruntergleiten lassen, dabei denken, dass pathogene Energie nach unten abfließt.

Erläuterung der Übung; Auch wenn die Handflächen nur bis zum Brustbein gehen, fließt die Energie doch bis zum Kopf.

Übung für niedrigen Blutdruck, Morgenmüdigkeit, Anaemie(Blutarmut), niedrige Leukozytenzahl.

Bei hohem Blutdruck nicht mehr als 7 mal.

2 mal täglich 49 mal bei Beschwerden.

1 Anregende-Übung

2

3

4

8) Energie in freien Fluß bringen - Blockaden lösen

2 Phasen: a) Heben - Senken

b) Öffnen - Schließen

a) - Beim Hochheben der Hände denken, dass Erd-Energie über die Handflächen und Fußsohlen in den Körper eingeatmet wird, bis zu einer kranken Stelle. Beim Ausatmen Hände langsam sinken lassen, dabei denken, dass pathogene Energie durch den Punkt Ni 1 ,in einer Grube unterhalb der Zehengrundgelenke unter der Fußsohle, in die Erde abgeleitet wird.

- Einatmen beim Hochheben – Ausatmen beim Heruntergehen;

b) - Beim Öffnen der Hände denken, dass Energie von außen beim Einatmen und Öffnen in die Hautporen des Körpers fließt.

- Beim Ausatmen Handflächen annähern (nicht berühren), denken, dass alle pathogene Energie aus dem Körper herausgedrückt wird.

-Einatmen beim Öffnen - Ausatmen beim Schließen. -mind. 7 mal-

Erläuterung der Übung: Diese Übung löst Energieblockaden, sie ist deshalb bei vielen chronischen Krankheiten geeignet. Vor allem wird sie in China an Krankenhäusern und am Forschungsinstitut Shanghai in den Krebs- und Tumornachsorgegruppen praktiziert; ebenfalls wirksam bei Diabetes.

1 Energiefluß-Übung

2

3

4

5

6

33

9) Übung zur Stärkung der Wirbelsäule

Grundstellung, aber Knie durchdrücken, auf Handflächen konzentrieren, Arme ganz natürlich, ohne Kraft nach vorne und hinten schwingen lassen;

- während die Arme nach vorne schwingen, Oberkörper leicht vorbeugen, Gesäß nach hinten strecken, dabei einatmen

- während die Arme nach hinten schwingen, Bauch und Gesäß vorstrecken und dabei ausatmen.

Bei Wirbelsäulenbeschwerden langsam anfangen, auf den Körper achten. Langsam die Geschwindigkeit steigern.

Erläuterung der Übung; Die Wirbelsäule bewegt sich wie eine Schlange bei dieser Übung. Sie stärkt die Wirbelsäule und ist gut gegen Rückenschmerzen. Yen Mo und Tou Mo, die beiden Meridiane, die vorne und hinten durch die Mitte des Körpers gehen, werden mit Energie durchflutet.

— mindestens 14 mal -

1 Wirbelsäulen-Übung

2

3

4

10) Übung zur Stärkung der Yang-Energie des Körpers

- Grundstellung, entspannen, natürlich atmen ;

- langsam beide Arme bis zu den Schultern heben, dabei ausgestreckt nach vorn halten, Hand hängt locker im Handgelenk nach unten gebogen ; dabei einatmen

- plötzlich ganz schnell ruckartig Hände und Finger nach oben strecken und Richtung Kopf ziehen, dabei Arme durchgestreckt halten und Atem anhalten;

 -beide Arme wieder langsam bis zur Ausgangsposition senken, dabei ausatmen

-plötzlich Arme anwinkeln, dabei gleichzeitig ruckartig schnell Hände zur Faust ballen und auf die Beckenknochen legen, dabei schnell und kräftig einatmen, dann Atem anhalten;

-wieder ausatmen und Arme locker hängen lassen,

-Arme langsam seitlich hochheben bis Schulterhöhe ; einatmen

-Hände ganz plötzlich ruckartig nach oben strecken , dabei weiter schnell und kräftig einatmen, dann Atem anhalten;

-ausatmen, gleichzeitig langsam Arme senken zur Grundstellung

-plötzlich Arme anwinkeln, dabei gleichzeitig ruckartig schnell Hände zur Faust ballen und auf die

Beckenknochen legen, dabei schnell und kräftig einatmen, dann Atem anhalten;

-beide Arme wieder langsam bis zur Ausgansposition senken , dabei ausatmen.

Dieses ist ein Zyklus – wiederholen.

-7 mal-

Erläuterung der Übung; Diese Übung regt die Blut -Zirkulation stark an, löst Blockaden indem Energie zum Fließen gebracht wird und durch alle Meridiane und deren Verzweigungen strömt.

Wirksam besonders bei Kältegefühl, chronischem Rheuma, Müdigkeit und Schwäche.

1 Yang-Übung

2

3

4

5

6

7

8

39

11) Übung zur Stärkung der Lungen-Funktion

- Grundposition einnehmen, beide Handflächen vor den Nabel halten, auf Handflächen konzentrieren;

- langsam beide Arme in entgegengesetzter Richtung nach oben und unten bewegen, dabei einatmen,

-dann plötzlich ruckartig eine Handfläche nach oben zum Himmel, Finger zur Mitte; die andere Handfläche nach unten zur Erde, Finger nach vorne, mit Kraft ausstrecken, dabei noch mehr Luft einatmen und anhalten. Beim Strecken einatmen, um Yin- und Yang-Energie aus dem Kosmos in den Lungen-Meridian aufzunehmen.

-langsam die Arme zur Grundposition zurückbewegen, dabei lang ausatmen, dann den rechten und linken Arm in der Position wechseln und weitermachen wie oben.

mindestens 7 mal

Erläuterung der Übung; Diese Übung stärkt die Funktion der Lunge, die Lungenflügel werden wie ein Blasebalg gedehnt und gepreßt. Yin- und Yang-Energie läuft durch die Handflächen und Arme im Lungen-Meridian zur Lunge.

Bei Patienten mit Bluthochdruck und Herzkrankheiten höchstens 7 mal.

1 & 3 Lungen-Übung

2

4

5

41

12) "Pfeil-Übung"

-Linke Hand auf den Oberschenkel des angewinkelten linken Beines legen, rechtes Bein gerade nach hinten strecken. Rechter Fuß steht im rechten Winkel zum linken Fuß. Rechte Hand hängt ganz natürlich nach unten;

-Blick auf die Innenfläche der rechten Hand richten, die Hand langsam von unten vorne nach hinten unten kreisen lassen, dabei bleibt und das ist sehr wichtig bei dieser Übung - der Blick auf die Innenfläche der kreisenden Hand ge richtet.

Beim Heben des Arms einatmen, beim Senken ausatmen

7 Kreise mit der rechten Hand ausführen, dann Fußstellung wechseln und 7 Kreise mit der linken Hand

7 mal die rechte Hand, 7 mal die linke Hand

Erläuterung der Übung: Die Energie-Zirkulation in den Meridianen der Hand wird angeregt, die Lunge wird wie ein Blasebalg geöffnet und gepreßt.

Gut bei Schulterschmerzen, Zervikalsyndrom, Lungenbeschwerden. Bei Neigung zu starkem Schwindel, oder Bandscheibenvorfall der Halswirbelsäule, blickt man nur nach vorne während der Arm kreist.

1　Pfeil-Übung

2

3

4

13) Übung für den Nieren Meridian und die Halswirbelsäule

- Grundstellung, entspannen, beide Handrücken auf die Nierenregion legen;

- beim Einatmen das Kinn zum Hals anziehen, gleichzeitig Schultern etwas nach vorne biegen;

- beim Ausatmen Schultern zurücknehmen, Kopf wieder entspannt halten, Kinn etwas nach vorne strecken.

2 mal tägl. 49 mal

Erläuterung der Übung: Die Halswirbelsäule wird bei dieser Übung gestreckt. Da nach der traditionellen chinesischen Medizin die Energie des Nieren-Meridians die Knochen und vor allem die Wirbelsäule versorgt, wird Energie von den Nieren hochgepumpt entlang des Tou- Meridians zu Kopf und Wirbelsäule.

Stärkt die Nierenfunktion, gut bei Hals-Wirbelsäulen-Syndrom.

1   HWS-Übung

2

3

14) Übung zur Anregung des großen Meridiankreislaufs

- Knie beugen und mit den Händen direkt an der Beinaußenseite entlang nach unten fahren, dann an der Innenseite der Beine wieder hoch, dabei den Oberkörper grade halten, aufrichten;

- an der Körpervorderseite weiter hoch bis zum Hals, mit den Händen um den Hals herumfahren und die Hände auf die Halswirbelsäule legen;

- nun die Hände am Hinterkopf hochführen, über das Gesicht wieder herunterführen bis zur Mitte des Brustbeins, von dort weiter über den unteren Brustkorb bis zu den Nieren, dort einen Moment verbleiben, weiter zu den Hüften, dann in Grundposition zurückkehren.;

- beide Hände berühren direkt den Körper vom Anfang bis Ende der Übung.

- 7 mal -

Erläuterung der Übung; Diese Übung regt die Energiezirkulation im ganzen Körper an und kann Energieblockaden lösen.

Sie ist wirksam bei fast allen chronischen Krankheiten und bei Kältegefühl.

Nicht geeignet bei Bluthochdruck und starken organischen Herzproblemen(zu anstrengend).

1   Meridian-Massage-Übung

2

3

4

5

6

7

8

47

15) Übung zur Stärkung des Stoffwechsels und der Nieren

Entspannt hinstellen, Füße zusammen, Handflächen gegeneinander legen, bis Kopfhöhe hochheben, große Kreise drehen, dabei die Knie beugen und die Hüfte gegenläufig zu den Händen drehen(z.B. Hände sind links, Hüfte nach rechts drehen). Oberkörper gerade halten;

- die Übung langsam machen, mindestens 7 mal nach rechts drehen und 7 mal nach links drehen, jedoch immer gleich oft in jede Richtung wenn sie mehrfach ausgeführt wird.

7 mal rechts und 7 mal links

Erläuterung der Übung: Übung zur Stärkung der Nieren und Vitalenergie, regt den Stoffwechsel an, gut zum Abnehmen - besonders an Bauch und Hüfte.

Patienten mit Bluthochdruck und Herzkrankheiten sollten diese Übung nicht zu oft machen.

1 Stoffwechsel-Übung

2

3

4

16) Übung "Wolkenschieben"

-Entspannt hinstellen, siehe Bild 1, dabei liegt das Gewicht auf dem rechten Fuß bei angewinkeltem rechten Bein, linke Hand auf Schulterhöhe, rechte Hand auf Bauchnabelhöhe, Handflächen zeigen vom Körper fort.

-dann Bewegung nach links,mit Gewichtswechsel auf das linke Bein, dann Hand wechseln, rechte Hand ist nun oben, linke Hand unten, Handflächen zeigen jetzt in umgekehrte Richtung, d.h. nach rechts; Gewicht verschiebt sich auf das rechte Bein, das jetzt angewinkelt wird. Dabei langsam den Körper mitbewegen während die Hände vor dem Körper her zur anderen Seite gehen (in der Vorstellung eine Wolke schieben).

-In dieser Weise harmonisch und langsam hin- und herbewegen von links nach rechts und umgekehrt., Hände wechseln und zurück. Beide Handflächen zeigen immer in die gleiche Bewegungsrichtung. Die obere Hand zeigt die Richtung der Bewegung an . Z.B. die rechte Hand ist auf Schulterhöhe: Bewegung nach rechts. Auf die Handflächen konzentrieren.

14 mal, mind. 7 mal in jede Richtung

Erläuterung der Übung: Stärkt die Zirkulation in allen Meridianen, besonders wirksam zur Stärkung der Lunge, Beine und Rücken..

1 Wolkenschieben

2

3

4

17) Übung zur Stärkung des Stoffwechsels

-Sitzstellung, dabei den Rücken so an die Wand lehnen, dass 3 rechte Winkel zu. 90° entstehen ;

-dabei die Handflächen ca. 10 cm vor den Oberbauch halten.

2 Minuten, mindestens jedoch so lange bis die Beine anfangen zu zittern.

Erläuterung der Übung; Magen-, Leber- u. Bauchspeicheldrüsen-Meridian fließen von den Zehen zu den entsprechenden Stoffwechselorganen. Durch Druck auf die Zehen und Muskelanspannung der Oberschenkel wird die Zirkulation und der Energiefluß besonders in diesen Meridianen angeregt.

Die Übung ist wirksam und regulierend bei Beschwerden des Magens und Verdauungstraktes, Adipositas an Bauch und Oberschenkeln und dient zur allgemeinen Stärkung der Gesundheit. (Nach einer Studie von 3000 Studenten in Shanghai konnte eine Gewichtsreduktion in 87,6% der Fälle nach 2 Monaten bei einmal täglicher Übung und normal weitergeführter Kost registriert werden.)

Nicht geeignet für Patienten mit Bluthochdruck und ernsten Herzkrankheiten.

1   Magen-Abnehm-Übung   2

3

18) Kreisen mit der Hüfte

-Grundstellung, entspannen, auf Nabel konzentrieren.

Region zwischen Hüfte und Nabel kreisen lassen (wie beim Bauchtanz), Oberkörper und Beine dabei gerade halten.

49 mal- abwechselnd nach rechts und nach links.

Erläuterung der Übung; Nach der Qi- Gong- Lehre ist eine Energiereserve im Sonnengeflecht gespeichert. Bei dieser Übung wird diese Energiereserve mobilisiert.

Wirksam bei Rückenschmerzen, Steifheit im Rückenbereich. Auch zur Stärkung der Bauchorgane zu empfehlen.

1   Hüftkreisen   2

3

19) Energieaufnahnme in die 3 Dantiane

-Grundstellung am Fenster oder zu Bäumen gewandt, entspannen,

Arme langsam seitwärts heben (1) ;

-mit ausholender umarmender Bewegung Energie aus der Umwelt an den unteren Dantian- Punkt (2 cm unter Nabel) weitergeben, dabei einatmen. Einen Moment, mit den Handinnenflächen zum Körper hin (ohne ihn zu berühren), verweilen und sich auf das Dreieck Handflächen-Dantian konzentrieren (2);

-Hände parallel zum Körper herunterführen ,dabei ausatmen;

-zur Grundstellung zurückkehren, nach ausholender umarmender Bewegung (wie oben) nunmehr beim mittleren Dantian (Mitte Brustbein) verweilen (3);

-Hände parallel zum Körper herunterführen und dabei ausatmen;

-zur Grundstellung zurückkehren, Übung wie oben, dann vor dem oberen Dantian (Stirnmitte, zwischen den Augenbrauen)) verweilen (4);

-Hände parallel zum Körper herunterführen und dabei ausatmen;

Bei den Übungen soll der Körper mit den Handbewegungen mitschwingen.

Erläuterung der Übung: Bei dieser Übung wird Energie aus dem Kosmos aufgenommen.

– 7 mal -

1   Dreifache Energieaufnahme   2

3   4

20 Reinigungsübung

An manchen Orten fühlt man sich nicht wohl, manche Menschen erschöpfen einen oder man hat ein schlechtes Gefühl im Körper. Wenn man weggeht fühlt man sich besser. Warum? Verbrauchte oder schlechte Energie. Es gibt 2 Arten, zum einen die schlechte Energie in einem kranken Körper, zum anderen krankmachende Energie in der Luft, z.B. durch Umweltverschmutzung. Diese ungute Energie kann man durch folgende Übung entfernen. Sie heißt "Knochenmark waschen" und wird wie folgt durchgeführt:

-Füße schulterbreit, parallel, Arme ausgestreckt hochführen, Handflächen nach unten(Erdenergie aufnehmen), auf Schulterhöhe: Hand umdrehen (Himmelsenergie aufnehmen) und bei der ganzen Bewegung einatmen.

-Handflächen zum Kopf führen und ausatmen. Dabei soll man sich vorstellen, dass die gesammelte Energie in den Hinterkopf und dann in die Halswirbelsäule fließt.

-Dann hebt man die Hände etwas an, atmet ein, senkt die Hände Richtung Kopf, atmet aus und stellt sich vor die Energie von der Brustwirbelsäule zur Lendenwirbelsäule zu schicken.

- Man hebt wieder die Hände etwas an, atmet ein und senkt dann die Hände vor und seitlich des Körpers bis zum Boden und geht dabei in die Hocke, begleitet von der Vorstellung, dass die gute Energie die verbrauchte und schlechte Energie von der

Lendenwirbelsäule über die Beine in den Boden drückt.

-Von der kauernden Stellung am Boden springt man hoch, erhebt die Arme und schlägt sie bei der Landung im Stehen, gen Boden, ruft „Tschö" und gibt damit verbrauchte und ungute Energie ab.

3 mal

1   Reinigungsübung   2

3   4

5

6

7

8

61

21) Allgemeine Schlußübung

Nach den Qi- Gong- Übungen hat man ein starkes Energiefeld in und um die Hände aufgebaut. Deshalb als Abschluss der Übungen: zuerst eine Minute um den Bauchnabel halten, dann Hand zur Faust schließen, Hände gegeneinander reiben und Restenergie weitergeben, z.B. an das Gesicht (reduziert Faltenbildung) oder die Hände über ein krankes Organ oder eine kranke Körperstelle halten.